Tina Gruczinski • Alle meine Männer? Einige davon …

TINA GRUCZINSKI

Alle meine Männer? Einige davon ...

Bibliografische Information der Deutschen Nationalbibliothek
Die Deutsche Nationalbibliothek verzeichnet diese Publikation in der Deutschen Nationalbibliografie;
detaillierte bibliografische Daten sind im Internet über http://dnb.d-nb.de abrufbar.

Telefon: 0 30 / 76 69 99-0
www.frieling.de
Umschlaggestaltung: Emilia Agovic
1. Auflage 2020
ISBN (Print): 978-3-8280-3565-2 Printed in Germany

Inhalt

PHILIPP

Welche Erinnerung erscheint bei mir sofort beim Namen „Philipp“ auf dem Bildschirm? Nicht die, die am längsten wäre, sondern die, die am härtesten an die Grenzen der Menschlichkeit stößt:

Das eigene Leben beenden …

In einem großen Berliner Maschinenbaubetrieb feierten die Frauen - wie jedes Jahr - ausgiebig den Frauentag. Schon Wochen vorher plauschte man vergnügt anlässlich der kommenden Feier, des bevorstehenden Besäufnisses und über die bösen Zungen hinterher. Trotzdem - es feierte fast jede Frau in der damaligen DDR - und ein paar Männer ...

Unsere kleine Abteilung verirrte sich in die Berliner „Hafenbar". Kenner wussten diese zu schätzen. Klein, aber fein, zentral, gut mit Taxi und Auto zu erreichen - und sehr intim. Wir sieben Kollegen, sechs Frauen und ein Mann, feierten in besagter Hafenbar Frauentag. Hier ein Schnäpschen, dort eine Schorle und schon wieder saß ich am Rotwein nippend. Die Augen meines Kollegen faszinierten mich. Strahlend blau - wie ein azurblauer Abend am Atlantik, tief eintauchend in die Geheimnisse der Zweisamkeit, der Zweisamkeit zwischen Mann und Frau. Er forderte mich zum Tanzen auf. Es war ein Tanz in die totale Verliebtheit, eine Verliebtheit mit Schritten in das Unterholz. Es knisterte nur so zwischen uns und die zündenden Flammen schossen hoch in den Himmel. Kann man da noch widerstehen? Und dazu noch bei sturmfreier Bude? Nein und nochmals nein!
Die Frauentagsfeier in der kleinen Hafenbar neigte sich dem Ende zu und jeder fand seinen eigenen Weg in die heimatliche Wohnung.

Nach intensiven Küssen, Umarmungen und tiefen Blicken fand das Taxi den Weg in meine heimische Wohnung. Nicht nur die Münder von Philipp und mir stöhnten, nein, auch die Betten sprachen diese Liebessprache, die immer nur eins will: Sex, Sex, Sex.

Das wunderschöne Erlebnis schwang die ganze Nacht durch, denn mein damaliger Ehemann weilte auf Dienstreise. Ja, ich bin fremdgegangen! Ich verabschiedete meinen Kollegen noch mit den Worten: „Komm morgen bitte nicht auf der Arbeit vorbei!"

Er kam aber, mit schnellen Schritten, geröteten Augen und einem wahnsinnigen Blitzen im Gesicht. Wäre er dreißig Zentimeter größer gewesen, hätte man von einem imposanten und schönen Mann sprechen können. Zwar ein wenig korpulent, aber mit schmalem Gesicht, stahlblauen Augen, schwarzen Haaren und einem pantherähnlichen Gang. Er wäre der Schlager der Frauenherzen gewesen. Die meisten Frauen mögen nun mal große Männer. Er sah in dieser Hinsicht bescheiden aus. Aber ansonsten konnte seine Ausdrucksfähigkeit mit vielen größeren Männern mithalten.

Einige Monate hielt dieses innige, verliebte Intimverhältnis an. Wir trafen uns fast immer in meiner heimischen Wohnung.
Einmal richtete er seine Augen auf mich mit der Frage: „Reicht dir mein ‚Hansi'?" Er meinte damit seinen Penis. Sein Glied erreichte nicht die Größe, wie es in vielen Sex-Zeitschriften abgebildet war. Mir reichte sie! Denn ich war und bin sehr schmal gebaut. Meine Scheide ist so eng, dass jeder Mann die Grotte sofort spürt, in die er hineindringt. Meine Gedanken schweiften in die Zukunft, in eine Zukunft mit ihm.

In unserem Betrieb hatte eine Aspirantin angefangen, die seiner Abteilung zugewiesen wurde. Von diesem Moment an war Schluss mit Verliebtsein, Treffen und Vögeln. Denn nun hing seine Liebesschnur über der jungen Frau, die zwanzig Jahre jünger war als er. Mir offenbarte er sich nicht, kündigte klammheimlich sein Arbeitsverhältnis und wechselte in einen neuen Betrieb. Mit dieser neuen jungen Frau und einem von ihm gezeugten Kleinkind verbrachte er nun die Liebesabende. Seine Frau verabschiedete er mit einer Scheidung. Die Neue war nicht ich, sondern die junge Mutter, von ihm geschwängert.

Da er mir seine Telefonnummer beim ersten Anruf aus seinem neuen Betrieb gegeben hatte, konnte ich ihn öfter anrufen. Die ersten Eindrücke zeugten noch von Euphorie, die aber bei jedem neuen Telefonat geringer wurde. Als ich ihn nach einem halben Jahr am Ohr hatte, hallen noch heute seine Worte in meinen Ohren: „Tina, ich hätte doch bei dir bleiben und mit dir eine neue Zukunft aufbauen sollen." Späte Erkenntnis, so meine Gedanken.

Nach ein paar Monaten, der Juni schickte gerade seine prall gefüllten Blüten durch die Luft, rief ich wieder einmal an. Dieses Telefonat endete schrecklich. Auf seiner mir bekannten Telefonnummer meldete sich ein fremder Mann. Seine Frage, wer ich denn sei, irritierte mich. Als ich mich zu der Antwort entschied: „Ich bin seine ehemalige Kollegin", antwortete er langsam und leise: „Herr Hantig hat sich das Leben genommen." Schockiert legte ich den Hörer auf. Er, so lebenslustig und klasse im Bett, hatte sein Leben selbst beendet! Was muss auf ihn gewirkt haben, dass er dieses Leben mit der neuen jungen Frau und dem kleinen Kind nicht mehr ertragen konnte?

Es wird wohl immer ein Geheimnis bleiben …
Lange musste ich an diese Offenbarung denken und verabschiedete mich in Gedanken von Philipp. Ich verspürte einen lang anhaltenden Schüttelfrost.

„Guter Sex ist, wenn die Nachbarn danach auch eine rauchen ...“

So stand es auf einer Karte, die ich vergnügt betrachtete.

UWE

Sie rauchte zwar nicht, aber sie beschwerte sich über unser Stöhnen und Gegen-die-Wand-Treten!

Aber alles von Anfang an.
Ich war wieder einmal allein. Und hielt es nicht aus, allein in der Zweizimmerwohnung ohne Mann zu sein. Meine glitzernden Fische im Aquarium und meine trillernden Kanarienvögel konnten meine gefühlte Einsamkeit nicht vertreiben. Ein Mann musste

her, ein Mann mit Stamm und Glied, angenehmer Stimme, naturverbunden, Campingurlaub liebend, Zärtlichkeiten bei Wein und Kerzenschein verschenkend …
So stand es dann auch in der Berliner Zeitung, Rubrik „Heiraten weiblich". (Ich hatte dummerweise meine Telefonnummer mitgeteilt.)

Nach dem Erscheinen meiner Heiratsanzeige geschah leider nichts – zu anspruchsvoll? So entschloss ich mich, auf eine Anzeige in der genannten Zeitung zu schreiben, in der ein Mann ein Weib suchte. So geschah es dann auch. Und wieder wurde mein Warten auf die Probe gestellt. Es war eine Zerreißprobe!
Nach einigen Wochen rief mich ein Mann mit angenehmer Stimme an. Er berichtete, dass er meinen Briefumschlag in einem Mülleimer an der Schönhauser Allee gefunden hatte. Die Röte schoss mir ins Gesicht!
Ob wir uns nicht einmal treffen könnten. „Ja", so meine Antwort. Und so geschah es dann auch.
Ich fand ihn sympathisch und er konnte angenehm erzählen. So erfuhr ich, dass er als Beleuchter an einer Berliner Bühne seine Arbeit verrichtete. Seine Wohnung befand sich in der Nähe des Berliner Praters. So genossen wir des Öfteren ein Bierchen oder Weinchen in diesem besagten Großen Garten. Einmal, die Augustsonne schickte ihre letzten Strahlen

durch die noch belaubten alten Bäume, hörte ich ihn sagen: „Tina, da hinten sitzt meine geschiedene Frau." Ich schaute vom Rotweingläschen hoch und erblickte eine hübsche, sympathische Frau neben einem älteren Mann. Wir gingen zu ihr und plauderten wie schon lange Bekannte.

Ich erfuhr auch später, dass sie mit ihrem geschiedenen Mann noch in derselben Wohnung – wenngleich in getrennten Zimmern – nächtigte. So blieb es nicht aus, dass wir uns in der gemeinsamen Wohnung begegneten. Sie stellte fest, dass wir in verhältnismäßig kurzer Zeit so viel unternommen hatten wie die beiden in den zwanzig Jahren ihrer Ehe nicht. Armes Ehepaar, so meine Gedanken …
Uwe und ich unternahmen viele Fahrradausflüge, Spaziergänge und machten Theaterbesuche. So erlebte sie oft, wie wir von unseren Unternehmungen zurückkehrten und einander darüber austauschten.

Aber es standen auch nicht so angenehme Tätigkeiten an.
Da die Wohnung sehr renovierungshungrig war und nach einem frischen Outfit schrie, entschloss sich Uwe, seinen Korridor zu streichen, denn das war bitter nötig. Ich staunte nicht schlecht, als er die Bekleidungsstücke, die auf der Garderobe hingen, einfach zur Seite klemmte, anstatt sie zu entfernen! Entspre-

chend konnten nach verbrachter Tätigkeit die Farbspritzer auf der Kleidung bewundert werden!

Der Herbst neigte sich dem Ende zu und das Weihnachtsfest sowie die Silvesterfeierlichkeiten nahten. Ich hatte über meinen Betrieb eine Reise in den Thüringer Wald organisiert. Natürlich mit dem Zug, denn Geld für eine Auto war nicht vorhanden.
Am ersten Weihnachtsfeiertag fuhr ich in seine Wohnung, denn am zweiten Feiertag sollte die Reise beginnen. Als ich das Wohnzimmer betrat, erstarrte ich. Seine Polsterstühle waren immer noch nicht gesäubert, die Enkelkinder hatten in der Vergangenheit ihre Spuren - auch Urin - hinterlassen! Kein Weihnachtsstrauß, kein Lametta, keine Überraschung. Mein Erstaunen wurde von ihm nur mit der Bemerkung abgetan, dass wir ja morgen in den Urlaub fahren würden.

Dort angekommen, empfing uns ein abscheulicher Geruch. Der Besitzer des Hauses - wir schliefen im ersten Stock - hatte gerade zwei Schafe geschlachtet und deren Felle hingen auf der Treppe zum Trocknen und Ausdünsten. Ebenso schauten uns zehn gierige Augen von fünf Katzen an, die auf der Treppe herumlungerten und jeden um Futter anbettelten.
Am nächsten Morgen musste Uwe erst einmal ausführlich Kreuzworträtsel im ungewaschenen Zu-

stand lösen. Nach dem Frühstück ging es hinaus in die verschneite Natur. Natürlich wollte ich die frische Luft, die herrliche Ruhe und den Schnee genießen.

Aber nichts da! Die Spaziergänge waren durch sein Rotzen links und rechts des Weges unerträglich und mussten schnell abgebrochen werden. Wegen seiner Kniebeschwerden, so sein Hinweis. Dann schnell ins Kämmerlein und das Kreuzworträtseln begann von vorn. Mir reichte es! Das zeigte ich ihm auch bei der Silvesterfeier. Ich flirtete mit allen möglichen Männern und die Frauen tobten.

Zu Hause trennten wir uns. Seine geschiedene Frau erzählte mir noch hinterher, dass sie unser Stöhnen und die Tritte gegen die Wand oft hatte ertragen müssen …
Wieder schoss mir die Röte ins Gesicht und ich schaute nach draußen. Und ich war wieder allein … und sehr traurig.

JÜRGEN

In meinem Betrieb wurde jemand gesucht, der seinen Außendienst in Zeulenroda versehen konnte. Da ich, wie so oft in der Vergangenheit, allein war, erklärte ich mich dazu bereit.

Ich erhielt in Zeulenroda eine Wohnung in einem Wohnheim. Diese Wohnungen waren nur mit dem Notwendigsten ausgestattet: Tisch, Stühle, Bett, Kommode, Waschgelegenheit, Kühlschrank …

Mein erster Arbeitstag endete um 16.00 Uhr. Ziemlich abgespannt fuhr ich zum Wohnheim.
Abends, das Nachthemd verhüllte nur dürftig meinen nackten Körper, klopfte es an meiner Tür. Ich öffnete zaghaft und Jürgen stand in der Tür. Er arbeitete als Monteur in besagtem Betrieb in Zeulenroda. Jürgen hielt eine große Flasche Schnaps in der Hand und meinte, mein Kühlschrank müsste repariert werden. Das war natürlich nur eine Ausrede, um in mein Zimmer zu schlüpfen.
Ich ließ ihn in meine dürftige Behausung ein.
Das Gespräch, das sich entwickelte, offenbarte einen einsamen jungen Mann, der durch den Bruch seiner verflossenen Beziehung selbst gebrochen war. Und sein Sohn, den ich später auch noch kennenlernen sollte, fehlte ihm so sehr. Ich war sehr angetan von ihm und der Sex näherte sich in kleinen, zaghaften Schritten, bis er schließlich übermächtig über uns herfiel … Es war wunderschön und ich konnte danach lange nicht einschlafen …

Die Zeit in Zeulenroda währte nicht lange und ich musste wieder in meinem normalen Beruf im Betrieb arbeiten. Oft rief mich Jürgen im Büro an und sofort sah ich sein Bild vor mir: groß, jung (sieben Jahre jünger als ich, ich war damals sechsunddreißig Jahre alt), hübsch – eben eine imposante Erscheinung. Und dazu noch ein Lockenkopf, was ganz meinem Geschmack entsprach.

Er besuchte mich auch, wenn es sein Aufenthalt in Berlin zuließ, oft in meiner Wohnung. Und das Bett musste einiges aushalten an Sex und gierigem Verlangen. Auch gingen wir des Öfteren tanzen, aber das klappte nicht so gut mit ihm. In den Gesprächen stellte ich immer wieder fest, dass das Gesamtbild von einem Zusammenleben mit einer Frau bei ihm nur schemenhaft existierte. Er murmelte etwas von mindestens zwei Jahren Kennenlernzeit. Eigentlich vernünftig, für mich aber viel zu lang. Damals jedenfalls.

Ich wollte gerne mit ihm verreisen und buchte eine Reise nach Ungarn. Da ich aber in der Zwischenzeit auf einer Marokkoreise meinen jetzigen Lebensgefährten kennenlernte, sagte ich ihm und der Reise ade. Natürlich persönlich – und dabei lernte ich auch, wenn auch nur kurz, seinen Sohn kennen. Ein Goldlöckchen, ganz wie der Vater.

Mein Lebensgefährte und ich konnten über meinen Betrieb einen Ostseeplatz erstehen. Welch eine große Freude!
Ich staunte nicht schlecht, als ich plötzlich bei der Ankunft in unserem Quartier Jürgen gegenüberstand. Er verbrachte seinen Urlaub mit einer schicken Blondine ebenfalls im selben Urlauberheim! Ihre knallroten Lippen sagten ständig: „Küss mich!" So empfand ich es.
Nach ein paar Tagen saß er plötzlich allein am Abendbrottisch.
Er klärte uns auf und ich staunte wiederum nicht schlecht. Seine Blondine musste mit starken Unterleibsschmerzen ins Krankenhaus eingeliefert werden. Ursache: Sie hatte sich einen Tripper eingefangen! Mit wem sie wohl die Nächte verbracht hatte?
Die Untersuchung im Krankenhaus ergab: Jürgen hatte diesen noch nicht inhaliert - sein Glück!

Nach diesem Urlaub begann eine achtjährige „Eingewöhnungsphase" mit meinem Lebensgefährten, die Ehe mit ihm dauert nun schon sechsundzwanzig Jahre!

KLAUS

Wieder einmal musste ich den Zug nach Erfurt besteigen, eine Dienstreise war geplant. Und es sollte sich so einiges ereignen während dieser Tage in Erfurt.
Wir, das heißt mein Kollegenkreis und ich, saßen nach getaner Arbeit im Erfurter Nachtcafé. In der Bar des Cafés sprach mich ein Mann in meinem Alter mit den Worten an: „So eine schöne Frau und so alleine …“ Ich lächelte ihn an.

Es kam, wie es kommen musste, denn ich lebte gerade in Scheidung von meinem zweiten Ehemann Wolfgang. Er setzte sich zu unserem gemütlichen Kollegenkreis und wir plauderten eifrig über Gott und die Welt. Plötzlich warf sich eine Blondine an Klaus, heulte und redete verzweifelt auf ihn ein. Alle waren schockiert. Was war bloß los? Nach einigem Hin und Her erfuhr ich, dass es sich um seine aktuelle Freundin handelte, von der er aber die „Schnauze" voll hatte. So seine Erklärung zu diesem eigenartigen Vorfall.

Die Dienstreise neigte sich dem Ende zu und wir fuhren mit dem Zug Richtung Berlin. Da fegte die Blondine durch die Wagen, sah mich und bestürmte mich mit der Frage, ob ich denn nun auch zu ihm fahren würde. Klaus saß neben mir. Ich verneinte die Frage, da ich ja erst einmal am Erfurter Hauptbahnhof aussteigen würde. Ein Besuch meiner alten Freundin Hanni stand auf dem Programm. Trotzdem forderte die Blondine von Klaus ihre Wohnungsschlüssel zurück. Er übergab ihr diese bereitwillig.
Nach meinem Besuch in Erfurt fuhr ich für einige Tage Richtung Berlin. Aber nicht in meine heimische Wohnung, sondern nach Birkenwerder, auf das Grundstück von Klaus. So hatten wir es abgemacht.

Das Bett wackelte mächtig und krachte nach unserem intensiven Sex zusammen. Wir mussten beide lachen und bestellten für den nächsten Tag einen Monteur.
Aber nicht nur das schöne Grundstück in Birkenwerder (1.500 Quadratmeter) einschließlich der großen Wohnung forderte meine Anwesenheit, sondern ich musste auch meiner heimischen Wohnung ab und zu einen Besuch abstatten. So geschah es dann auch einmal, dass Klaus mich dorthin begleitete. Er staunte nicht schlecht, als er im Wohnzimmer, nur mit einem Schlüpfer bekleidet, meinen Noch-Ehemann Wolfgang vorfand. Die Scheidung war noch nicht ausgesprochen. Wir hatten uns geeinigt, dass er in der noch gemeinsamen Wohnung das Schlafzimmer nutzen konnte, während ich das Wohnzimmer als mein Reich wählte. Ebenfalls waren wir übereingekommen, dass ich alle vierzehn Tage das Auto nutzen konnte.
So hinterließ diese „Schlüpfererscheinung" einen faden Nachgeschmack.

Das Grundstück von Klaus sowie die geräumige Wohnung bedurften einer dringenden Renovierung. So machte ich mich mit Feuereifer an die Arbeit. Rosen wurden gepflanzt, Decken und Wände tapeziert, Unkräuter aus dem schäbigen Rasen entfernt und

der Zaun gestrichen. So nach und nach erschien das Grundstück in einem gefälligen Rahmen.
Leider, ich stellte diese Eigenschaft sehr spät fest, war mein neuer Freund alkoholabhängig. Er trank nicht nur ein, zwei Bier, sondern in seiner sehr geräumigen Tasche, die ihn jeden Tag zur Arbeit begleitete, fanden zwölf Flaschen Bier Platz. Diese rieselten täglich in Klaus' immer dicker werdenden Bauch. Ich will nicht verheimlichen, dass ich dem Alkohol auch sehr zugetan war.
Eines Tages bat er mich, ihn doch zu seinen Eltern, die auf dem Lande lebten, zu begleiten. Denn, so erfuhr ich nebenbei, von ihnen erhielt er auch Geld. Bei seinen „großen" Ausgaben in puncto Alkohol konnte er das sehr gut gebrauchen.
Im Hause seiner Eltern lag er dann auf dem Sofa und zitterte am ganzen Körper. „Mein armer Junge", meinte seine Mutter. Ich wusste, dass das Entzugserscheinungen waren. Im Hause seiner Eltern durfte kein Alkohol getrunken werden. Der „arme Junge" wurde eben von einer schlimmen Grippe geplagt. Mit einem dicken Scheinchen fuhr er dann wieder nach Hause. Ich schwieg natürlich.
In den Gesprächen, die Klaus und ich oft führten, erzählte er mir unter anderem von seiner ehemaligen Freundin, der Blondine. Entsetzt hörte ich zu, als er seine „Arschfickerei" bei ihr damit begründete, dass sie ja unten so ausgeleiert sei und er sie nur noch in

den Arsch ficken konnte. Dieses Schwein, so meine Gedanken. Innerlich entfernte ich mich schon ein bisschen von ihm.

Da in seinem Kollegenkreis oft gefeiert wurde, lud er mich zu einer derartigen Feier in das Ermeler-Haus in Berlin ein. An ein Ereignis während dieser Feier erinnere ich mich noch genau.
Meine Menstruation schien diesmal nicht aufzuhören. Ich blutete stark. Durch die Bewegungen beim Tanzen löste sich bei mir im Höschen meine Binde. Und die war von Blut getränkt und lag nun auf dem Parkettboden. Genauso knallrot wie mein Gesicht. Aber da die anderen Herren Doktoren in ihrem Suff auf allen vieren auf dem Boden der Tanzfläche des Ermeler Hauses herumkrochen beziehungsweise herumlungerten, fiel es außer mir keinem auf.

Ich dummes Ding kaufte ihm von meinem kleinen Gehalt einen neuen, hellen Anzug, da ich ihn nicht immer nur in einem dunkelblauen Anzug sehen mochte. Ein neuer, flotter Schlips vervollständigte den neuen Klaus. Es war wieder einmal so weit, dass ich ihn von der Arbeit mit dem Auto abholte. Er hatte mir großzügig seinen Trabant überlassen. Beim Abholen stellte ich nicht nur eine riesige Alkoholfahne, sondern auch seinen schwankenden Gang fest. Er war wieder einmal sternhagelvoll! Als er ins Auto steigen wollte, klemmte er sein Sakko in der verdreckten Tür ein. Herrlich, mein gekaufter Anzug war klebrig und schmutzig und musste der Reinigung übergeben werden.

Meine Freundin Hanni aus Erfurt und ihr Ehemann besuchten uns in der beginnenden Sommerzeit. Nach einer kurzen Musterung von uns beiden sah ich Hanni an, was sie dachte: „Diese beiden passen partout nicht zueinander!"

Der Sommer nahte und mein Freund Klaus hatte in Karlshagen an der Ostsee einen Ferienplatz erhalten. Wir freuten uns beide auf die Urlaubszeit. Urlaub bedeutete für mich nicht nur ausgelassen zu baden, sondern auch lockere Kleidung zu tragen. Er aber trug selbst am Strand noch einen Anzug … Und von ausgelassenem Herumtollen keine Rede!

Die Urlaubszeit machte mich sehr nachdenklich. Ich musste unbedingt wieder einmal nach Hause. Ich schnappte mir mein Fahrrad und fuhr schleunigst in mein Berliner Heim. Ich dachte über eine Trennung nach, obwohl ich bei dem Gedanken ans Alleinsein eine unheimliche Angst verspürte.
Nach einem erneuten Besuch bei Klaus musste ich feststellen, dass jene Blondine ihn in der Zwischenzeit besucht hatte …

Das war dann der Anlass für mich, die Verbindung zu beenden.

Die Zeit nach der Trennung, die sehr schlimm für mich war, zeigte mir aber, dass meine Entscheidung richtig gewesen war. Nichtsdestotrotz hatte ich mich noch nicht genügend von Klaus gelöst, sodass ich litt wie ein Hund.

WOLFGANG

Es war schon sehr merkwürdig, wie ich Wolfgang, meinen zweiten Ehemann, kennenlernte.
In der Berliner Zeitung verfiel ich wieder einmal dem Studium der Heiratsanzeigen „männlich“. Und da stach mir doch eine Anzeige mit etwa folgendem

Inhalt ins Auge: „Mann, 32, liebt Campingurlaub, Tanzen und schöne Stunden im trauten Heim!“
Also schrieb ich mit flotten Sprüchen und hoffnungsvollem Warten auf diese Anzeige. Und ich erhielt Antwort.

Er arbeitete als Abteilungsleiter in einem großen Berliner Kombinat und suchte nach überstandener Scheidung eine neue Frau. Ob ich diese Erwartungen erfüllen würde, sollte die kommende Zeit zeigen.

Nach circa zwei Jahren Kennen und Lieben sprach Wolfgang das Thema an: „Wir sollten doch heiraten!“
Ja, eigentlich hatte ich nichts dagegen, denn bis zu diesem Zeitpunkt hatten sich keine Bedenken bezüglich einer Heirat eingestellt. Wir verbrachten schöne Stunden beim Campen, feierten oft und ausgiebig Betriebsfeiern und er verstand es auch, leckere Gerichte zu zaubern. So strebten wir nun dem gemeinsamen „Ja“ zu.

Natürlich gehörte auch ein Polterabend dazu. Meine Kollegen waren zum Polterabend eingeladen und zum ersten Mal erlebte ich, wie Wolfgang sich in Rage redete. Das sollte nun mein neuer Ehemann sein?! Meine Kollegen verhielten sich zu laut, aßen zu viel, tranken zu oft und ich war den Tränen nahe. Aber den Mut, diese Heirat rückgängig zu machen, brachte ich nicht auf. Was würden bei der morgigen Feier und bei der standesamtlichen Trauung meine Schwester und meine Familie sagen? Also, hinein ins Vergnügen, hinein in die Ehe und einfach weiterfeiern. Ich sehe mich noch mit meiner Freundin Monika das kalte Hochzeitsbüfett stürmen. Wir feierten ausgelassen bis in die Nacht hinein.

Dann begannen die Vorfälle, die ich nicht alle zu Papier bringen möchte. Aber über einige Wutanfälle möchte ich doch berichten.
Wir besaßen einen Wecker, „Summatik" genannt. Dieser tickte so leise, dass auch meine gespitzten Ohren ihn nicht hörten. Er besaß nur einen Nachteil: Er klingelte nicht zuverlässig.
So geschah es dann auch eines Morgens. Wir erwachten und die Sonne lachte ins Fenster. Der erschrockene Blick auf den Wecker offenbarte: Es war 8.00 Uhr morgens! Die Weckzeit stand aber auf 6.00 Uhr! Was machte mein frischgebackener Ehemann? Er schmiss diesen Scheißkerl aus dem Fenster! Wir hatten Glück, dass das Fenster geöffnet war. Wie hätten wir ansonsten diesen Glasbruch der Wohnungsbaugenossenschaft erklären können?
Ich schwieg zu diesem Vorfall.

In einem wunderschönen Vorort von Berlin warteten nette Freunde auf den Besuch meines Mannes, da er

dort Reparaturen an der Toilette vornehmen sollte. Die Hausfrau stellte einen Werkzeugkasten neben die Toilette und wartete gespannt auf die kommenden Arbeiten. Zu denen kam es aber nicht, da mein lieber Mann das entsprechende Werkzeug in der Kiste nicht vorfand und daraufhin wütend die Toilettenbrille mit den anderen Werkzeugen zerstörte. Man muss wissen, dass zu ehemaligen DDR-Zeiten eine Toilettenbrille aus Plastik Luxus und nur schwer zu erstehen war.
Alle beide Freunde und ich standen daneben und starrten fassungslos auf die zerstörten Plastikreste.

In der Heiratsanzeige in der Berliner Zeitung hatte unter anderem der Hinweis „Interesse an Camping“ gestanden. Und Campingplätze an der Ostsee waren rar. Wolfgang ergatterte über seinen Betrieb einen Campingurlaub in einem eingerichteten Zelt an der Ostsee. Also fuhren wir mit unserem Wartburg und einem großen Sack Lebensmitteln fröhlich zu besagtem Campingplatz. Da es um die Mittagszeit war, machte der Campingwart wahrscheinlich gerade sein Mittagsschläfchen, denn wir konnten ihn nicht erreichen. Also hieß es: Warten!
Das konnte mein Mann nicht aushalten und fuhr wutschnaubend mit dem Auto davon. Aber ohne mich! Mir rutschte das Herz in die Hose. Verloren stand ich auf dem Campingplatz ohne Tasche, Aus-

weise, Getränke und sah dem davonstiebenden Auto nach. Ich konnte es einfach nicht fassen! Und auch nicht, als er nach geschlagenen drei Stunden wiederkam, natürlich keine Entschuldigung auf den Lippen. Und ich dumme Gans ließ das auch noch über mich ergehen und sagte nichts.
Nun konnte der Campingurlaub beginnen, der aber sehr bescheiden ausfiel.

Auf unserem heimischen Campingplatz in der Nähe von Berlin besaßen wir nicht nur ein eigenes Zelt, einen sogenannten „Klappfix“, sondern auch ein kleines Segelboot. Wieder einmal hieß es: Raus aufs Wasser - und rein in den Wind. Der kam aber nicht und so trieben wir, ohne segeln zu können, auf dem Wasser. Da packte meinen Mann die Wut, er steckte meinen Kopf unter Wasser und machte mich zur „Sau“. Ich kam prustend und jammernd wieder zum Vorschein und begann zu heulen. Da ließ er von seinem Vorgehen ab und wir paddelten gen Ufer.

Fast jedes zweite Jahr hieß das Jahresurlaubsziel: Bulgarien! Da wir den genannten Campinganhänger besaßen, konnten wir mit einigen Übernachtungen unterwegs das begehrte Schwarze Meer erreichen. Rumänien und Bulgarien waren ja die einzigen Län-

der, die man als DDR-Bürger als Meereshungriger bereisen durfte.
An zwei besondere Ereignisse bei einer Reise, die wir im Juni unternahmen, erinnere ich mich noch intensiv.
Es nahte sein Geburtstag, den wir immer gebührend feierten. Von daheim hatte ich einige Überraschungen vorbereitet. Außerdem hatte ich Freunde, die wir dort auf dem Campingplatz kennenlernten, über die bevorstehende Geburtstagsfeier informiert.
An besagtem Geburtstag meinte es die bulgarische Sonne nicht so gut mit uns. Es regnete in Strömen. Was geschah mit meinem Mann? Er übersah den wunderschön gedeckten Geburtstagstisch und die Geschenke, schaute mich wütend an und verschwand aus dem Vorzelt. Am späten Nachmittag tauchte er wieder auf. Aber kein Wort der Erklärung beziehungsweise der Entschuldigung kam über seine Lippen. Das war eben Wolfgang.
Die erwähnten Freunde schüttelten nur den Kopf. Wahrscheinlich auch über mich, wie ich es mit einem solch „Verrückten“ aushalten konnte.
Der Urlaub neigte sich dem Ende zu. Ein letztes Mal badeten wir in dem wunderschön warmen Wasser und warfen uns in die Wellen. Dann hieß es: packen und gen Heimat fahren. Diese Rückfahrt bot wieder eine sehr unangenehme Überraschung, nicht nur für mich.

Jeden Abend, bevor sich die Sonne zu ihrem Schlaf neigte, suchten wir uns ein Übernachtungsplätzchen. Dieses sollte sehr eben sein, denn der Klappfix musste gerade stehen. Um dieses auf unserem gesuchten Plätzchen zu erreichen, buddelten wir beiden etliche Schaufeln Erde weg. Ein Pärchen kam gerade vorbei und bot uns seine Hilfe beim Aufbau an. Und was machte mein Mann? Anstatt sich auf diese Hilfe einzulassen und sich zu freuen, beschimpfte er dieses Paar in abscheulicher Weise. Die beiden waren ganz erschrocken und sagten kein Wort. Bis der Mann dann zu seiner Frau sagte: „Komm, wir gehen weiter, denn wir haben es mit einem Verrückten zu tun.“ Das war dann eine super Nacht!

Jedes Jahr fand in dem Betrieb meines Mannes eine wunderschöne Faschingsfeier stand, an der wir wieder einmal teilnahmen. Ich hatte mich als Meerjungfrau mit einer blonden Perücke verkleidet und mein Mann als Clown. Passte ja zu ihm. Wir tanzten wie verrückt und amüsierten uns köstlich. Viel zu schnell rückte die Zeit vor, die Nacht nahte und Wolfgang wollte nach Hause gehen. Ich aber nicht. Voller Elan schwatzte ich noch an der Bar mit ein paar netten Männern. Da verspürte ich plötzlich einen heftigen Schlag auf meinem Kopf. Wolfgang schlug mit einem Beutel auf mein Haupt. Im Beutel befanden sich meine Stiefel, denn es war Februar und draußen war es sehr kalt und es schneite. Da ich keine Anstalten machte, meinen Platz an der Theke zu verlassen, verschwand er wutschnaubend und ließ mich einfach an der Bar mit all den verdutzten Männern stehen. Ich musste den langen Weg in meinen hohen Stöckelschuhen zurücklegen - bei eisigem Wind. Ich weinte jämmerlich.

Schon nach einem halben Jahr Ehe hatte mein Mann während einer Kur eine andere Frau kennengelernt und natürlich auch mit ihr geschlafen. Davon erfuhr ich aber erst sehr viel später. Er mit seinem kleinen Glied hatte wohl Minderwertigkeitskomplexe. Diese Frau, mit Namen Marion, war so dreist, an unsere Adresse eine Karte mit der Unterschrift „Deine Marion" zu schreiben. Ich verbat mir diese Verhöhnung. Wahrscheinlich hatte Wolfgang dieser Marion nicht offenbart, dass er ein verheirateter Mann war.

Dieses Fremdgehen fand nicht nur ein Mal statt, sondern des Öfteren.
Nach dem letzten Fremdgehen stellte ich ihm ein Ultimatum: Entweder er lässt das Fremdgehen sein oder ich reiche die Scheidung ein. Wolfgang willigte ein. Dazu muss ich noch einiges bemerken.
Wir hatten uns wieder einmal gezankt und er fuhr allein auf unseren Dauercampingplatz. Im Laufe des Tages stellte ich fest, dass er auch Zahnbürste und

Waschzeug mitgenommen hatte. Ganz empört und enttäuscht fuhr ich mit dem Zug nach Königswusterhausen bei Berlin und rief ihn an, dass er mich doch mit dem Auto abholen solle. Der Tag war nicht angenehm. Die Nacht ebenfalls nicht.

Als wir Sonntagabend wieder in unserer heimatlichen Wohnung das Lager aufschlugen, klingelte das Telefon. Er säuselte ganz verliebt in den Hörer. Also stimmte es, dass er etwas mit einer anderen Frau hatte. Denn man hatte mir auf dem Campingplatz erzählt, dass er schon auf unserem Zeltplatz mit diesem Liebchen, das er in unserem Zelt einquartiert hatte, verliebt geschmust hatte. Und wir beide waren noch verheiratet und noch nicht geschieden.

Aber diese Gudrun wollte nur alle vierzehn Tage mit ihm zusammen sein, was ihm gar nicht in den Kram passte. Er litt. Ich freute mich. Aber wir beide rauften uns wieder einigermaßen zusammen. Nach einer gewissen Zeit kamen mir Zweifel und ich wollte seine Ehrlichkeit überprüfen.

So erzählte ich ihm von einer bevorstehenden Dienstreise mit Übernachtung in Erfurt. Es war natürlich nur ein Vorwand und ich stellte ihm damit eine Falle. Als ich dann gegen 22.00 Uhr nach Hause kam - ich nahm extra meine Freundin Monika als Zeugin mit -,war er nicht anwesend und blieb auch über Nacht weg. Scheiße - also ging er wieder einmal fremd.

Am nächsten Morgen rief ich ihn auf der Arbeit an. Wie es denn so alleine in der Wohnung gewesen sei. „Ach, nur ferngesehen", lautete seine Antwort. Mein Kommentar dazu: „Aber nicht in unserer Wohnung und ich reiche die Scheidung ein."
Ich war wahnsinnig vor Wut. Am nächsten Tag setzte ich ein Schreiben für die Scheidung auf und reichte diese dann ein.

Dann begannen die Schwierigkeiten mit einer neuen Wohnung für meinen Mann. Denn ich hatte mich erst zur Scheidung entschließen können, als ich mich mit dem Gedanken anfreunden konnte, dass auch ich dann aus der Zweizimmerwohnung ausziehen und mit einer Einzimmerwohnung zufrieden sein müsste. Dass dies nicht der Wirklichkeit entsprach, erfuhr ich erst bei einem Gespräch mit einem Zuständigen unserer Wohnungsverwaltung.
Mein Mann musste ausziehen und ich durfte in der bisher gemeinsamen Wohnung bleiben. Ich atmete tief durch. Ich konnte die Erleichterung bis in meine kleinste Zehe spüren.
Nun begann aber eine der größten Schwierigkeiten bei der Wohnungssuche. Die Voraussetzung für den Besitz einer neuen Wohnung in der ehemaligen DDR bestand darin, erst einmal hundert gemeinnützige Stunden zu leisten. Das könnte bei Wolfgang Jahre dauern! Denn er sträubte sich, solche Arbeiten zu

übernehmen, zum Beispiel eine neu gebaute Wohnung vor Einzug der Mieter zu säubern. Was sollte ich also tun, um ihn so schnell wie möglich aus der Wohnung zu werfen? Mir blieb nichts anderes übrig, als selbst diese hundert gemeinnützigen Stunden zu leisten!

So begann eine große Leidenszeit für mich und meine Freundin Elvira. Die ersten fünfzig Stunden gemeinnützige Arbeit absolvierten wir an den Wochenenden beziehungsweise jeweils nach Feierabend. Dann kam meiner Freundin eine prima Idee: Bestechung! Wurst, Schinken, Schnaps und Bier mussten herhalten, um die Riesentasche zu füllen.

Und es klappte! Die hundert Wohnungseinheiten waren im Nu geschafft! Nun musste Wolfgang nur noch ausziehen. Aber das Suchen nach einer Wohnung, die ihm angenehm war, zog und zog sich hin.

Inzwischen hatte ich einen neuen Mann kennengelernt. Als er mich in meiner Wohnung besuchte, staunte er nicht schlecht, als er Wolfgang auf der Couch nur im Schlüpfer bekleidet beim Fernsehen vorfand. Dessen letzter Wutanfall bestand darin, dass er ruckartig die Tür vor dem Fernseher herauszog und sie ins Wohnzimmer schleuderte. Das war's dann. Schnaubend und mit hasserfüllten Augen verließ er das Wohnzimmer.

Da ihm bei der Scheidung das Auto zugesprochen wurde, erhielt ich die gesamte Wohnungseinrich-

tung. Da staunte Wolfgang nicht schlecht. „Ja“, so meine Erklärung, „wenn ich das Auto erhalten hätte, würde ich dieses sofort verkaufen.“ Für einen Wartburg erhielt man damals circa 25.000,- DDR-Mark. So kam diese Teilung zustande.
Beim Scheidungstermin saß er in einem abgewetzten Pullover dem Scheidungsrichter gegenüber. Bei der Scheidung wurde er gefragt, was ihm denn an mir nicht gefallen habe. Seine Antwort: „Ihre kleinen Brustwarzen.“ Den Augenausdruck des Scheidungsrichters werde ich nie vergessen. Ich erwähnte natürlich nicht, dass sein Glied das kleinste war, das ich jemals zu Gesicht bekommen hatte …

Später soll er sich eine ältere Witwe genommen und seine Einzimmerwohnung, die meine Freundin und ich durch hundert Stunden gemeinnützige Arbeit abgearbeitet hatten, aufgegeben haben. Nun trägt er die Kleidungsstücke des verstorbenen Mannes der Witwe.

HEINZ

Weiterbildung stand für mich immer ganz oben auf dem Arbeitsplan.

So konnte ich an einer Schulung über „WAO - Wissenschaftliche Arbeitsorganisation“ teilnehmen. Diese WAO stand zu DDR-Zeiten in vielen Betrieben hoch im Kurs. So auch bei meinem damaligen Abteilungsleiter.

Weiterbildungshungrige aus der gesamten DDR nahmen an dieser Schulung teil. Ich saß am ersten Abend der Veranstaltung neben einem groß gewachsenen, gut aussehenden, jungen Mann. Die blau strahlenden Augen musterten mich unaufhörlich. Plötzlich verspürte ich, wie sich seine Beine unter dem Tisch meinen Beinen näherten und er mich dabei unendlich verliebt anschaute. Er wollte mich haben.

Nun war ich in der „glücklichen Lage", während dieser Weiterbildung ein eigenes Zimmer zu besitzen. Während die Themen einer Veranstaltung an mir runterrieselten, klopfte es ganz leise an meiner Tür. Wer sollte das sein?! Ich öffnete sie zaghaft – Heinz stand in der Tür und fragte, ob er mal kurz hereinkommen könnte.

Er stand mit seinen wunderschönen blauen Augen im Gegenlicht – und ich konnte nicht anders und ließ ihn in mein Zimmer. Es dauerte gar nicht lange und er umschlang meinen Nacken und küsste mich auf die Wangen. Dann fanden sich unsere Münder und wir küssten uns leidenschaftlich, immer und immer wieder. Sein Stöhnen erfüllte den Raum. Ängstlich bat ich ihn, doch etwas leiser zu sein, denn man klopfte schon an der Tür. Der Unterricht ging weiter.

Nach dem Unterricht schlich er sich wieder in mein Zimmer. Diesmal blieb ein erotisches Abenteuer nicht aus. Heinz ließ mich einen Sex erleben, den ich bis dahin nicht gekannt hatte. Da es schon abends war und ich es nicht wagte, das Licht anzuschalten, fanden sich unsere Münder im Dunkeln. In der Dunkelheit mussten wir mehr fühlen als sehen. Ich fühlte seine Finger an meinen Beinen hinaufgleiten und dann berührte er meinen Kitzler. Meine Scheide war viel empfindsamer als sonst und bei seinen Berührungen musste ich innerlich schreien und jubeln. Das war Lust pur!

Und Heinz steigerte sich noch in seinen Bemühungen, mir einen Orgasmus zu entlocken. Er berührte meine Schamlippen, riss sie weit auseinander und ließ seine heiße Zunge feurig über meinen Kitzler rasen. Ich stöhnte vor Lust. Seine Zunge und mein Mund sagten ihm, dass ich gierig und bereit war. Meine Scheide tropfte vor Nässe und ich ergriff seinen glitschigen Penis. Er war hart, lang und steif und wartete nur darauf, endlich in mich eindringen zu können.

Und dann geschah es! Ich konnte einfach nicht anders, ich brüllte fast vor Lust, denn mein Orgasmus schüttelte mich durch und durch. Ich konnte kaum atmen, so herrlich fühlte sich dieser Moment an.

Sein Glied war immer noch steif. Und so bat er mich, dass ich mich auf ihn setzen solle. Sein Penis fand den Weg allein, sodass ich ihn nicht unterstützen musste. Dabei presste er meine Brüste so hart aneinander, dass ich fast aufschrie. Sein starkes Glied füll-

te meine Scheide voll aus. Hoch – runter, hoch – runter, so bewegte ich mich auf seinem glühenden Körper. Er presste seinen Körper in den meinen und drang immer tiefer in mich hinein. Bis ich ihn dann schreien hörte: „Ich komme!“ Und wie er kam! Es tropfte nur so von so viel Samenflüssigkeit und er sank glückselig in die Kissen zurück.
Diese Nächte wiederholten sich so lange, bis die Weiterbildung ihrem Ende entgegeneilte. Wir mussten nach Hause, nach Hause zu unseren Ehepartnern. Ich nach Berlin, er nach Halle. Mir ging ein Hinweis durch den Kopf, den ich in einem Buch von Kurt Tepperwein gelesen hatte: „Eigentlich braucht eine Frau zwei Männer. Einen treuen Versorger und einen aufregenden Abenteurer. Mit Letzterem kann man zwar nicht leben, aber er macht das Leben interessant. Frauen haben zu allen Zeiten und in allen Kulturen Wege gefunden, um beides zu bekommen. Ganz ideal ist es natürlich, wenn ein Mann beides ist.“ Sollte dieses Abenteuer jetzt mein kommendes Leben kennzeichnen? Denn den Ehemann, den ich zur damaligen Zeit hatte, war der genannte Versorger …

Mein erster Ehemann und ich hatten für den Sommer eine Reise nach Bulgarien gebucht, die wir auch antraten. Vorher fanden noch heiße Liebesgespräche am Telefon mit meinem Geliebten statt. Die Sehn-

sucht nach dem anderen fraß uns fast auf. Aber dann hieß es: Ab in die Luft – das Schwarze Meer wartet auf Reiselustige. Vorher übergab ich meinem geliebten Heinz noch meine Ferienadresse für das gebuchte Hotel.
Nach ein paar Tagen Sonne und Strand und dem ersten sich anbahnenden Sonnenbrand fragte ich an der Rezeption nach, ob denn ein Brief für mich angekommen sei. Und siehe da, man übergab mir die Post. Mein Ehemann schäumte vor Wut, denn ich hatte ihm inzwischen von meinem Abenteuer mit Heinz erzählt.
Der Brief brannte in meiner Hand und ich wollte nicht wieder zum Strand. Wütend ging mein Mann allein zu unserer Strandburg.

Im Hotelzimmer angekommen, öffnete ich mit zittrigen Händen den Brief und las: „Meine geliebte Tina, während ich diesen Brief schreibe, leide ich ganz fürchterlich unter unserer Trennung. Ich hätte Dich einfach nicht in diesen Urlaub mit Deinem Mann fahren lassen dürfen!! Aber nun bin ich wenigstens in der Lage, Dich per Post zu umarmen, Dich zu lieben und Dir zu sagen: Ich giere nach Deiner Heimkehr. Dein Heinz"
Ich versteckte diesen Brief, trank ein wenig von dem bulgarischen süßen Wein und machte es mir auf dem

Balkon gemütlich. Die leichte Brandung wiegte mich in einen wunderschönen Schlaf.
Später trottete sehr verschnupft mein Mann in das Zimmer und entdeckte mich schlafend auf dem Balkon. Er verzog sich ins Zimmer.

Auch dieser Urlaub neigte sich seinem Ende zu. Der Tag des Abschieds kam näher und ich war aufgeregt. Ich dachte nur an Heinz, an das Wiedersehen mit ihm, an die zärtlichen Lippen und die erotischen Abenteuer. Kurz bevor der Koffer gepackt werden musste, betrank ich mich und kam nicht aus dem Bett. Wahnsinnig empört packte mein Mann die Koffer und schleppte mich zum Bus. Und dann ins Flugzeug.
Beim Abheben des Flugzeuges erging es mir dreckig. Ich konnte gerade noch die Toilette erreichen und musste mich übergeben. Da aber mein Kopf noch nicht klar war, konnte man das Ergebnis an den gelagerten Toilettenpapierrollen neben der Toilette sehen. Sie waren alle marmoriert.
Mein Mann wollte keinen Urlaubstag verschenken und so brausten wir nach Erreichen des Heimatflughafens direkt jeder in seinen Betrieb. Dort schickte man mich, nachdem mein Zustand als nicht zumutbar erachtet wurde, in die heimatlichen Gefilde. Der Schlaf überkam mich. Ich schlief geschlagene zehn

Stunden, ehe ich mich aus dem Bett herausringelte. Ich war wieder in Berlin.

Gleich rief ich Heinz an. Mich überkam ein wundervolles Gefühl, nachdem ich seine Stimme am Telefon vernahm. Und welch ein Glück, in der nächsten Woche würde er dienstlich nach Berlin kommen!
Ich konnte diesen Tag kaum erwarten. Heinz besuchte mich in der heimatlichen Wohnung und wir glitten voll Gier und Sehnsucht ineinander. Gott sei Dank, ich hatte die Wohnungstür abgeschlossen und den Schlüssel stecken gelassen. Unser Glück! Mit einem Mal, als wir bei unserem Sex so richtig ineinander verklammert waren, klingelte es stürmisch an der Wohnungstür. Immer und immer wieder! Uns beiden wurde richtig schlecht und wir saßen mucksmäuschenstill im Wohnzimmer. Nach etlichem vergeblichem Klingeln wurde es an der Wohnungstür still.
Heinz und ich warteten noch eine ganze Weile. Dann bat ich ihn, doch den Hinterausgang des Hauses zu benutzen. Er verschwand klammheimlich und mir schlug das Herz bis zum Halse.
Am Abend kam mein Mann nach Hause. Ich entschuldigte mich bei ihm. Seine Antwort: „Da kann man nicht einmal in seine eigene Wohnung hinein." Er fügte noch hinzu, dass Heinz' Frau ihn informiert

hatte, dass ihr Mann wahrscheinlich bei mir auftauchen würde.
Ich konnte ihm kaum in die Augen sehen und verschwand sehr früh ins Bettchen.

Aber die Sehnsucht nach Heinz lauerte ständig in meinem Hinterkopf. Es kam eine Gelegenheit, ihn in seiner Heimatstadt zu besuchen, denn seine Frau sollte außerhalb einen Verwandtenbesuch abstatten. Schnell eilte ich zum Fahrkartenschalter der Deutschen Bahn, schwang mich in den Sitz und ab ging es nach Halle.
Dort mit sehnsuchtsvollem Unterleib angekommen, erwartete mich Heinz mit strahlenden Augen, küsste mich wahnsinnig und fuhr mit seinem Fahrrad neben meiner Straßenbahn her. Ich sehe heute noch sein im Wind gefangenes Haar.
Wir konnten es kaum erwarten, nachdem sein heimisches Schloss in die Tür gefallen war. Endlich! Eine wahnsinnig aufgeräumte und putzsaubere Wohnung empfing mich und das Schlafzimmer fand uns in riesigen Schritten die Betten erklimmend. Es war wunderbar und wir beide waren sehr glücklich. Abends ging es dann wieder in die heimischen Bettchen.

Der Sommer schenkte uns wunderschöne Tage mit unendlich viel Sonnenschein und Freude. Um dieses noch ein wenig zu genießen, hatte mein Heinz über seinen Betrieb einen Wohnwagen im Harz gebucht. Und ich staunte nicht schlecht: Seine Ehefrau gestattete es, dass sein Sohn Ralf zu unserem Campingurlaub mitkommen durfte. Aber dieser Urlaub lief nicht so, wie ich es mir vorgestellt hatte.

Sein Sohn, immer um 5.00 Uhr morgens wach, sang in seinem Bettchen und mein Heinz überließ es mir, mich dem Söhnchen zu widmen. So schauten mich jeden Morgen meine müden Augen im Spiegel an, während Heinzi noch in den Federn schlummerte, noch den nächtlichen Sextrip genießend.
Leider konnte ich meine Wut darüber nicht wirklich verbergen, was Ralf dann auch bemerkte. Er ließ sich die Stullen nur noch von seinem Vater schmieren. Es kam dann so weit, dass ich enttäuscht früher nach Berlin zurückfuhr. Meine Gedanken schweiften in die Vergangenheit. Ich sehnte mich nach einem Kind. Es klappte aber nie. Auch mehrere Kuren in Moorheilbädern hatten keinen Erfolg gebracht. Meine Eileiter wollten keinen Samen befördern – sie waren verstopft!

Daheim angekommen, überkamen mich Zweifel, ob es denn mit Heinz und mir überhaupt eine Zukunft geben könnte. Und meine Entscheidung stand noch aus.

Das bemerkte auch mein Ehemann. Er machte sich wieder Hoffnungen auf eine gemeinsame Zukunft mit mir.
Mehrere Wochen eilten dahin und Heinz klingelte mich an. Er würde wieder einmal dienstlich in Berlin weilen und ob wir uns treffen könnten. Natürlich, jubilierte ich, denn die Sehnsucht nach Heinz bemächtigte sich meiner Sinne. Mein Unterleib gierte nach langen Nächten mit ihm.
Wir wählten diesmal nicht meine heimatliche Wohnung - die Erinnerung an das stürmische Klingeln hallte noch in unseren Ohren. Nein, diesmal sah der Berliner Wald zwei sich stürmisch Liebende unter rauschenden Bäumen. Und in unseren Köpfen rauschte es: „Wir wollen zusammenleben, uns immer und ewig lieben und uns eine gemeinsame Zukunft aufbauen."
Diese gewünschte Zukunft setzte aber voraus, dass jeder von uns sich scheiden ließ. Dies offenbarte ich meinem Ehemann. Er konnte es einfach nicht fassen und heulte jämmerlich. Ich ignorierte das und reichte die Scheidung ein. Diese verlief unspektakulär und ohne gegenseitige Vorwürfe.

Über meinen damaligen Arbeitgeber erhielt ich eine Betriebswohnung, die von vorherigen Monteuren völlig verwohnt war. Solch einen Dreck hatte ich noch nie in einer Wohnung gesehen! Mein Heinz und ich schrubbten Tag und Nacht, um den ganzen Schmutz und Unrat zu beseitigen. Endlich war es geschafft und wir konnten in unser neues Heim einziehen. Dieses Gefühl werde ich nie vergessen: unbeschreiblich schön und glücklich! Wir beide waren vereint und könnten nun eine gemeinsame Zukunft aufbauen. In dieser sollte auch sein Sohn einen Platz haben, für den ich schon einen Kindergartenplatz organisiert hatte.

In der Aufregung vergaß ich doch glatt, dass eine Kur im Moorbad Bad Eisenberg anstand. Dort nahm man mir endgültig die Hoffnung, je ein Kind zur Welt zu bringen. Meine Eierstöcke waren total verstopft. Zur damaligen Zeit war eine Behandlung zur Beseitigung dieses Missstandes nicht möglich. Ich musste das erst einmal verdauen. Gleichzeitig erhielt ich dort eine heimatliche Nachricht von meinem geschiedenen Mann, dass unsere Wohnungsbaugenossenschaft für mich eine 2-Raum-Neubauwohnung zur Verfügung stellen würde. Ich müsste mich nur entscheiden. Mein Ex-Mann sah sich die Wohnung an und gab mir klare Sicht. In dieser Hinsicht konnte man sich immer auf ihn verlassen.

Nun stand ein zweiter Umzug bevor. Aber das störte Heinz und mich nicht. Voller Eifer packten wir unseren Kram, den Rest übernahm ein Umzugsauto. Wir waren angekommen!

Nachdem seine und meine Möbel in der Zweizimmerwohnung verstaut waren, feierten wir unseren Einzug erst mal gebührend und mit viel Alkohol.
Jeden Tag freute ich mich auf den bevorstehenden Tag und die herannahende Nacht mit Heinz. Und das Glück währte lange. Wir beide wurden vom Glück und von der Liebe regelrecht umschlungen.
Aber so ganz allmählich änderte sich dieser Glückszustand. Denn Heinz war in puncto Sauberkeit und Ordnung ein Pedant. Ich kannte zum Beispiel kein Mopp-Öl. Dieses wurde auf den Wischmopp aufgetragen und überall, wo kein Teppich beziehungsweise keine Auslegeware den Boden bedeckte, wurden die Flächen gewienert. Und das am Wochenende! So begann unser Wochenendspaziergang erst um 14.00 Uhr, da ja vorher „gemoppt" werden musste. Ebenfalls störte es mich gewaltig, dass Heinz die ganze Zeit vor dem Fernseher hockte, um politische Sendungen zu verfolgen. In seinem Heimatort war Westfernsehen oft nicht möglich gewesen. Den Gipfel bildete aber folgendes Vorkommnis: Eines Abends wartete ich vergeblich mit dem Abendbrot auf Heinz. Die Uhr zeigte 22.00 Uhr, 24.00 Uhr – und er erschien immer noch nicht auf der Matte. Da ging ich ins Bett und bemerkte nicht, wann Heinz den Heimathafen erreichte.

Erst als ich morgens die Toilette aufsuchte, schauten mich zwei Eintrittskarten vom „Haus Berlin" - eine beliebte und bekannte Tanzgaststätte - feucht an. Sie schwammen auf dem Wasser. Heinz hatte sie wohl nicht richtig hinuntergespült. Ich war entsetzt! So schnell schaute er sich nach anderen Weibern um und ging zum Tanzen in ein Tanzlokal! Aber ohne mich! Ich plante einen Schlussstrich, den ich sorgfältig vorbereitete.
Erst einmal ließ ich seinen Namen aus meinem Konto streichen und hob vorher ein wenig von dem gemeinsamen Geld ab, damit ich mir ein paar neue Möbel kaufen könnte, so mein Gedanke. Denn mein Herz hing nicht an meinen Möbeln in der gemeinsamen Zweizimmerwohnung.
Als Heinz wieder einmal von einer Dienstreise zurückkam, erwartete ihn ein Schreiben von mir, in dem ich ihn über meine beabsichtigte Trennung informierte. Gleichzeitig lagen zwei vorbereitete Schecks mit meiner Unterschrift zwecks Einlösung bereit. Ich hatte das Weite gesucht.

Daheim angekommen, beschimpfte Heinz mich als einen Dieb. Ich hätte sein ganzes Geld für mich verwendet und er hätte zwei Sparkassen aufsuchen müssen, da nur 1.000,- Mark pro Beleg ausgezahlt wurden. Sein unbändiger Zorn richtete sich auch auf

die von mir angeordnete Streichung seiner Unterschrift bei der Sparkasse.
Auch dieses Hindernis überwand ich.
Nun folgten schreckliche Wochen und Tage, denn es ging darum, für ihn eine neue Wohnung zu finden. Ich wusste, dass sein Betrieb Wohnungen vergab. Wochen vergingen, ehe Heinz Anstalten machte, diese Möglichkeit zu nutzen. Ich setzte ihm aber diesbezüglich einen Termin. Denn ich hatte inzwischen ermittelt, dass er bereits eine Wohnung bezogen hatte, diese aber noch schön renovieren wollte. Aber nicht mit mir!
Also wurde der Umzug vorbereitet. Ich einfältiges Wesen half ihm auch noch beim Einpacken seines umfangreichen Geschirrs. Als Dank schraubte er noch meine Plastiktoilettenbrille ab, die er mit in die „Ehe" gebracht hatte. Ich war entsetzt und heulte auf dem kalten Toilettenbecken meine Wut und meine Enttäuschung ins kalte Klo.
Eine Bemerkung sei mir noch zum Schluss dieser „Liebesgeschichte" gestattet: Als ich unlängst eine Tanzveranstaltung seines Betriebes besuchte, tanzte ich wie verrückt mit einem seiner Kollegen. Der konnte fantastisch tanzen. Später bemerkte ich, wie Heinz und er sich ansahen. Damals wusste ich noch nicht, dass mein Heinz bisexuell war und die Eintrittskarten vom „Haus Berlin" von einem gemeinsamen Tanzabend mit „ihm" stammten.

Etliche Jahre später traf ich Heinz zufällig, als er aus der S Bahn stieg. Ich war entsetzt, wie hinfällig und haarlos er aussah. Das war mein einst geliebter Heinz?! Ich schlenderte gemütlich heim und hakte das Kapitel „Heinz“ ab.

PETER

Meine Freundin Elvira schwärmte von ihrem neuen Freund. Er besaß ein tolles Motorrad, mit dem sie auch als Beifahrerin die Großstadt erkunden konnte. Ihre Frage, ob ich nicht auch seinen Freund kennenlernen wolle, bejahte ich nach kurzem Nachdenken. Und so sah man uns als „Motorradbienen“ auf den blitzenden Schlitten die Straßen Berlins unsicher machen.

Zwischen Peter, so der Name seines Freundes, und mir dauerte es gar nicht lange und der Funke sprang über. Er hatte einen Körper, den man fast als stämmig bezeichnen konnte, und eine eingedrückte Nase. Verlegen näselnd sprach er von einem Boxunfall. Man traf sich, feierte und küsste sich. Eine innige Jugendliebe entwickelte sich.
Ich war gerade mal achtzehn Jahre alt (er feierte schon seinen dreiundzwanzigsten Geburtstag) und wir waren sehr verliebt. Wir ließen fast keinen Tag aus, um uns in die Augen zu schauen und immer wieder die Worte auf den Lippen des anderen: „Ich liebe dich!" zu lesen.

Eine wunderschöne Zeit lag hinter uns, als Peter mich mit Verlobungsringen überraschte. Eine kleine Feier wurde von meiner zukünftigen Schwiegermutter gestaltet und ich erhielt von ihr als Verlobungsgeschenk Bettlaken, damals eine Rarität. Das Glück schien unendlich. Meinen Eltern gefiel dieser zukünftige Schwiegersohn gar nicht, denn er erlernte „nur" den Beruf eines Elektrikers. Für ihre Tina sollte es mindestens ein Diplomingenieur sein! Nun ja, das war die Ansicht meiner Eltern.

Plötzlich wurde die Verlobungszeit durch seine Einberufung zur Armee erschüttert. Peter musste sein Ränzlein schnüren und – auf nach Schaprode. Ein-

einhalb Jahre Armeeausbildung auf der Insel Rügen. Das warf alle Pläne erst einmal durcheinander. Aber auch diese Zeit ging vorüber. Wir schrieben uns unendlich viele Liebesbriefe. Der Ordner mit seinen Briefen quoll über. Nachdem das erste Vierteljahr ohne Heimaturlaub verstrichen war, fuhr ich jedes freie Wochenende in Richtung Rügen, um meinen Peter zu besuchen.

Natürlich liebten wir uns inniglich, einmal sogar in einem abgestellten Panzerwagen. Peter war der erste Mann in meinem jungen Leben, mit dem ich intim war. Vollkommen unverbraucht, jungfräulich und unerfahren erlebten wir in diesem Unikum unseren ersten Sex. Diese Stunden gehören in meiner Erinnerung zu den schönsten Momenten.

Meiner Mutter war es nicht entgangen, dass es im Leben ihrer Tochter nun auch Sex gab. Sie war derart empört und voller Angst, dass ich schwanger werden könnte. Ich werde nie vergessen, wie sie mich zwang, mich bei einem Frauenarzt auf diesen berühmten Stuhl zu schwingen und die Diagnose „Nicht schwanger!" zu vernehmen. Ich schämte mich zu Tode! In diesem Moment hasste ich meine Mutter und hätte sie umbringen können!

Sie war zwar eine liebe Mutter, aber eine ungebildete Frau vom Lande. Sie nörgelte und nörgelte. – „Horch, das ist doch kein Mann für dich, nur ein Elektriker." – Sie wünschte sich mindestens einen

Diplomingenieur, den ich später auch bekommen sollte.
Ihre Giftspritzen gingen so weit, dass die Verlobung gelöst wurde. Aber da ich leider ein Kind war, das ob fehlender Selbstständigkeit völlig machtlos war, fügte ich mich.
Die Schwiegereltern forderten die zwei Laken, das Verlobungsgeschenk, empört wieder zurück. Lieber würden sie diese auf den Müll schmeißen, als sie mir zu überlassen. Ich war sehr verzweifelt in dieser schlimmen Zeit.

In dem Betrieb, in dem ich meine Arbeit verrichtete, lernte ich nach geraumer Zeit meinen ersten Ehemann kennen. Wir heirateten nach zwei Jahren Kennenlernzeit.

Als ich eines Tages nach verbrachter Tätigkeit meinen Betrieb verließ, traute ich kaum meinen Augen. Auf der anderen Seite fuhr ein Trabant vorbei, in dem mein Peter saß. Ich war baff. Er winkte mich heran und bat mich, ich solle doch einsteigen.

So geschah es dann auch. Er zeigte mir seine eigene Wohnung, schön und geschmackvoll eingerichtet. Bestimmt von Mami gesponsert, so meine Gedanken. Denn sein Stiefvater besaß ein Wäschereigeschäft, das reichlich Geld abwarf.

Es blieb nicht beim einmaligen Besuch in seiner Wohnung. Und plötzlich stieg wieder das große Verlangen in uns auf: Sex musste her. Von meinen Eltern unbemerkt.

Meinen Urlaub verbrachte ich, wie schon einige Male, bei einer lieben Familie in Wolgast. Es handelte sich um ein älteres Ehepaar, christlich gesinnt und gute Taten verrichtend. Meinen Peter informierte ich über meinen Urlaubsort. Er zeltete in dieser Zeit an der Ostsee. Abends schlich ich mich oft zu ihm ins Zelt und wir liebten uns leidenschaftlich.
Meine Eltern hatten nicht den geringsten Schimmer, dass ihre Tina wieder mit ihrem ehemaligen Verlobten eins war.

Als ich wieder einmal in meinem Bett bei den Gasteltern erwachte, zeigte mein Körper rote Einstichstellen, die wahnsinnig juckten. Erst mit Erstaunen, dann mit Erschrecken betrachtete ich meinen Körper. Lauter kleine rote und stark juckende Stellen. Ein wenig verwirrt verließ ich die gastliche Wohnung und strebte den Ostseewellen entgegen.
Die nächste Nacht in meinem breiten Himmelbett war schrecklich. Ständig musste ich an meinem Körper kratzen. Nachdem ich das Licht angeschaltet hatte, sah ich, dass man munter in meinem Bett herumsprang. Eine riesige Bande Flöhe war über meinen

jungen Körper hergefallen, die alten Körper offensichtlich verschmähend. Ich sah wie ein Streuselkuchen aus und zeigte das meinem Peter.
Dieser weilte während meines Ferienaufenthaltes in Zinnowitz auf einem Campingplatz. Er entschied auf der Stelle, dass wir diesen Urlaub sofort abbrechen und nach Berlin fahren müssten.
Das geschah dann auch. Wir stiebten mit seinem Motorrad gen Heimat, ohne dass ich mich vorher von meinen Gasteltern verabschiedet hatte.

Diesmal konnte ich mich gegen den Befehl meiner Mutter wehren, erneut jenen Stuhl zu besteigen. Sie musste erst einmal verdauen, dass mein Ex-Verlobter und ich wieder zusammen waren. Meine Eltern waren stinksauer und verboten mir jeglichen Kontakt zu ihm. Und dann waren da noch diese Flohstiche. Mein Hausarzt schlug die Hände über dem Kopf zusammen, als er meinen geschundenen Körper untersuchte.
Er gab mir unter anderem den Hinweis, mein Bett fest mit der Bettdecke abzudrücken, um sie dann schnell wegzuziehen.
Und siehe da, ich konnte fünf springende Flöhe entdecken, die dann per Hand abgedrückt wurden. Damit war dieses Kapitel erledigt.

Inzwischen drängte Peter mich mehr und mehr dazu, einer Scheidung von meinem Mann zuzustimmen. Denn ich war ja inzwischen verheiratet. „Tina", so seine immer wiederkehrenden Worte, „willst du dich nicht endlich scheiden lassen?" Ich konnte und wollte es auch nicht, obwohl der Sex mit ihm meinen Körper herrlich entspannte. Trotz längerem Nachdenken konnte ich mich aber nicht dazu entschließen. Die Angst vor einer Scheidung hing wie ein Schwert über meinem Kopf. So fuhr Peter wütend allein in Urlaub.
Dort lernte er seine neue Freundin beziehungsweise seine spätere Frau kennen. Als er mich nach seinem Urlaub wieder einmal in seine Wohnung einlud, entdeckte ich das Bild der Frau auf seiner Anrichte. Aus, vorbei – da ich mich nicht zur Trennung von meinem Mann hatte durchringen können.

Später begegnete ich ihm zufällig in der Schule, in der ich meine Ausbildung machte. Mit einem dicken Bauch und einem nach vorn gekämmten Pony stand er mir gegenüber. Er besuchte dort die Abendschule, um seinen Elektromeister zu erhalten. Das hatten doch meine Eltern immer gewollt. Aber mein jetziger Mann war Diplomingenieur. Schön für ihre Tochter!

Ein paar Jahre später sah ich Peter und seine Frau auf der Schönhauser Allee in Berlin. Sie gingen Arm in Arm. Sehnsuchtsvoll schaute ich aus dem U Bahn-Fenster.

BERND

Ich absolvierte in einem Frauensonderstudium ein Studium der Betriebswirtschaftslehre. Wie in jedem Jahr wurde auch diesmal ausgiebig Fasching gefeiert. Als Verkleidung hatte ich ein flottes Zigeunerkostüm gewählt und tänzelte durch die Gänge. Plötzlich spürte ich ein durchdringendes Augenpaar auf mich gerichtet. Es kam von einem jungen Mann, der sich als Matrose verkleidet hatte. Stand ihm gut. Wir kamen ins Gespräch und lachten viel miteinander. Er studierte an der Berliner Ingenieurschule. Bernd, so sein Name, fragte mich, ob wir uns wiedersehen könnten. Ja, so meine Meinung, denn er gefiel mir.

Nach einigen Wochen Kennenlernen kamen wir uns näher. Er lud mich in die Wohnung seiner Eltern ein, die gerade im Urlaub weilten. Er hatte einen kleinen Imbiss vorbereitet, der uns fantastisch mundete. Dann noch ein Schlückchen Wein und noch ein Schlückchen und danach begann das Intimleben. Er ließ seine Hose herunter und ich lutschte an seinem Glied. Das tat ich zum ersten Mal in meinem Leben. Er stöhnte und spritzte mir seinen Samen ins Gesicht.
Nachdem wir uns ein wenig erholt hatten, fragte ich ihn, warum er in der Wohnung seiner Eltern wohne. Er habe gerade Streit mit seiner Ehefrau … „Aha", dachte ich, „also ist er ebenfalls verheiratet."

Um ihn öfter zu sehen und auch mit ihm zu schlafen, bot ich ihm an, ihm seine Abschlussarbeit mit der Schreibmaschine zu schreiben. So weilte er öfter in meiner Wohnung. Damals gab es weder Computer noch elektrische Schreibmaschinen. Jede Korrektur des Textes musste sorgfältig im Original und in den drei Durchschlägen vorgenommen werden, denn jede Kopie musste einzeln behandelt und korrigiert werden. Es dauerte recht lange, ehe ich mit dem Schreiben seiner Ingenieurarbeit fertig war.

Eines Tages rief er mich auf der Arbeit an, ich solle doch zum Arzt gehen. Was meinte er wohl damit? Ich war vollkommen gesund untenherum, aber er hatte einen Tripper. Ich war entsetzt! Das hieß doch unterschwellig, dass ich es gleichzeitig mit anderen Männern trieb!!

Ich sehe mich heute noch bei einem Arzt für Haut- und Geschlechtskrankheiten auf dem Stuhl sitzen und einen Abstrich vornehmen lassen. Der Arzt entnahm eine Sekretprobe aus dem Gebärmutterhals und untersuchte diese mikroskopisch. Meist sind Gonokokken bereits unter dem Mikroskop zu erkennen. Da dies nicht vorlag, war es notwendig, meine Sekretproben in einem Labor genauer untersuchen zu lassen. Vor der Praxis des Arztes musste ich kotzen.

Nach einer unendlich langen Woche erhielt ich vom Arzt die Nachricht: keinen Tripper!!!
Flugs rief ich Bernd an und berichtete ihm von meiner Erleichterung.

Später informierte er mich, dass seine Frau, Lehrerin, eine Weiterbildung in Frankreich gemacht hatte. Dort hatte sie ein Französlein kennengelernt, der sie nicht nur mit einem Tripper ansteckte, sondern sie auch noch schwängerte. Entsetzen breitete sich bei mir aus. Mich hatte er in solch eine unangenehme Lage gebracht, seine Frau aber schonte er! Erst als wir erfuhren, dass mein Ergebnis negativ war, da war dann klar, dass sein Tripper von seiner Frau übergesprungen sein musste – und nicht von mir stammte!
Aber Bernd verzieh seiner Frau und wir waren auseinander.

MARKUS

Hurra - eine Kur war in Sicht! Ich fuhr nach Glowe an die Ostsee. Damit sich die Kurlinge auch schön erholten, fand an jedem Wochenende ein Tanzabend statt. Dabei lernte ich Markus kennen. Er erzählte mir beim Tanzen von seiner kranken Tochter. Wir hatten ein langes Gespräch und verliebten uns ineinander.

In diesem Kurheim war es üblich, dass Männer und Frauen in ihren Quartieren getrennt wohnten, und es wurde scharf aufgepasst, dass nicht Männlein zu

Weiblein kam beziehungsweise umgekehrt. Außerdem gab es keine Einzelzimmer.
Aber wir beide schafften es doch! Sein Zimmergenosse überließ uns großzügig das gemeinsame Zimmer. War das herrlich! Wir wühlten uns nur so durch die Betten und hatten schon beim ersten Mal einen Orgasmus.
In Berlin standen die jeweiligen Ehepartner einer Liebschaft in heißen Betten entgegen. Um ihn wenigstens nach der Kur zu sehen, verabredeten wir uns im Tierpark. Er mit Tochter und ich mit Mann. So konnten wir uns ganz kurz mit den Händen berühren. Es knisterte wie zu Weihnachten.
Seine Frau arbeitete in Schichten. So war der Weg in fremde Betten offen. Markus fragte mich, ob ich eventuell ein Pornoheft besäße. Hatte ich. Zwar zerfleddert, aber noch vorhanden. Eine Stellung in diesem Pornoheft gefiel mir besonders: Ein Mann steckte von hinten sein Glied in die Scheide und sie lutschte am Glied eines anderen Mannes. So fand es dann nicht statt, aber die Stellung von hinten praktizierten wir immer wieder.
Mein Mann, mit dem ich zu diesem Zeitpunkt schon in Scheidung lebte, bekam mit, dass ich einen anderen Mann hatte. Als ich mich eines Tages mit Markus traf, verfolgte er mich. Ich erkannte ihn trotz großer, dunkler Sonnenbrille. Er duckte sich schnell weg.

Markus und ich fuhren mit seinem Auto in den Berliner Wald und wir liebten uns auf weichem Waldboden. Ich legte meine Brüste an seine Brust und rieb mich daran wie ein sinnlicher Kater. Als Markus mit seinem mächtigen Glied in die Enge meines Geschlechts eindrang, schloss sich mein Geschlecht um seinen Penis wie eine Kralle. Er berührte mit seinen heißen Händen wie wild meine Gesäßbacken und spielte abwechselnd an meinem Kitzler. Dann kniete sich Markus hin, um besser in mich hineinstoßen zu können. Er drehte mich um und nahm mich von hinten. Ich keuchte und wurde immer feuchter. Er machte mich ganz wild und dann kamen wir beide.

Mit einem Mal knisterte es in der Umgebung. Nach unserem Sex erschien plötzlich wie aus dem Nichts ein sogenannter Volkspolizist in Uniform und forderte uns auf, ihm unsere Ausweise zu zeigen. Verängstigt taten wir es und fuhren verstört nach Hause.
Nach ein paar Tagen erhielt ich einen Telefonanruf. Ich sollte mit ihm - diesem Volkspolizisten - schlafen. Wenn nicht, würde er meinem Mann von der Orgie im Wald berichten. Klug antwortete ich ihm, dass ich meinem Mann alles gebeichtet hätte, und schickte ihn somit in die Wüste.

Das Abenteuer mit Markus dauerte nicht mehr lange. Uns ging die Puste aus. Nach einem irren Sexnachmittag gingen wir ohne Worte auseinander.

RALF

Ich litt seit Jahren unter starker Migräne. Jeder, der einmal Migräne verspürt hat, weiß, wie furchtbar eine solche Attacke ist. Man kann nur bei abgedunkeltem Licht und in äußerster Ruhe „überleben". Es hämmert hinter Stirn und Schläfe. Die eine Kopfhälfte dröhnt vor Schmerz. Oft stellen sich auch noch Übelkeit und Brechreiz ein. Man lebt in der Hoff-

nung, dass diese entsetzliche Attacke irgendwann wieder vorbei sein wird. Ich hatte einen jahrelangen Leidensweg hinter mir.
Als ich wieder einmal meiner Ärztin von der Migräne berichtete, schlug sie mir vor, an einer Klinik an der Ostsee eine neue Therapie auszuprobieren. In der Tschechoslowakei sollte ein Wirkstoff entwickelt worden sein, der diese Krankheit heilen oder wenigstens lindern sollte.
Ich entschied mich für diese Kur und musste nun täglich folgende Prozedur über mich ergehen lassen: In den unteren Kopf wurde ein Mittel gespritzt, das meinen Kopf bis zum Bersten brachte. Aber ich hielt tapfer durch in der Hoffnung, diese Spritzen würden die furchtbare Migräne vertreiben. In meinem Einzelzimmer konnte ich danach den halben Tag zu mir kommen.

Wie üblich in der ehemaligen DDR, fanden auch regelmäßig Tanzabende in dem großen Kultursaal statt. Abends ging es mir wieder gut und mein Koffer musste hergeben, was mich schmuck und flott aussehen ließ. Ich entschied mich für eine türkisfarbene Puffärmelbluse und eine enge, schwarze Hose. Ein flotter Gürtel mit einer blumigen Schnalle vervollständigte meine Erscheinung.

Ich betrat die Tanzveranstaltung und spürte beim Hineingehen, wie mich ein großer, blonder Mann anstarrte.
Unbeirrt setzte ich meinen Weg fort und fand einen leeren Tisch. Ich verspürte keine große Lust zu einer Unterhaltung unter Frauen.
Der Tanzabend begann und die Musik forderte zum Tanz auf. Und da stand er vor mir und fragte: „Darf ich um diesen Tanz bitten?" Natürlich sagte ich zu, denn große blonde Männer entsprachen schon immer meinem Geschmack.
Und wie er tanzen konnte! Wir wiegten uns im Rhythmus der Musik. Ganz glücklich geleitete er mich zu meinem Platz. Dann wurde Damenwahl ausgerufen. Und siehe da – mein Ralf wurde von einer flotten schwarzhaarigen Frau aufgefordert und er tanzte auch mit ihr wie ein Profi. Ich saß auf meinem Platz und schaute den Tanzenden zu.
Die nächsten Tänze sah man mich in verschiedenen Männerarmen, aber ich musste immer wieder an den großen Blonden denken. Und da stand er auch wieder plötzlich vor mir und wir tanzten in den späten Abend hinein. Um 22.00 Uhr läutete die Nachtglocke und der Tanzabend war beendet. Ralf fragte mich noch, ob wir morgen gemeinsam frühstücken könnten. Ich bejahte und freute mich auf den nächsten Morgen.

Dieser begrüßte uns beim gemeinsamen Frühstück bei bester Laune und in bester Verfassung. Ich erfuhr, dass er wegen eines Herzfehlers zur Kur geschickt worden war. Migräne und Herzfehler - was für ein Gespann.
So sah man uns in den nächsten Tagen und Wochen immer zusammen. Wir liehen uns Fahrräder aus und erkundeten die nähere Umgebung unseres Kurortes. Auch vergnügten wir uns beim Sonntagsvormittagstanz und kamen uns immer näher. So nah, dass er in mein Einzelzimmer hineinschlüpfte und wir uns wie frisch Verliebte umarmten, küssten und schließlich den Weg ins Bettchen fanden. Es war himmlisch! Langsam bahnte sich ein inniges Gefühl in meinem Herzen an, und Ralf bestätigte mir dasselbe.

Wir liebten uns. Ich erinnere mich noch genau an einen Abend, bei dem wir auf einer Bank bei Mondschein saßen und den wundervollen Abend genossen. Da fällt mir ein Gedicht von Miriam Frances ein:

Komm, wir gehen Sterne pflücken

Komm, wir gehen Sterne
  pflücken,
eine Nacht lang hab ich Zeit,
komm, wir löschen alles
Fremdsein
zwischen uns mit Zärtlichkeit,

schmieden uns ein neues Lachen,
das der Montag nicht verbiegt,
geben dem Moment die Sporen,
dass er uns noch höher fliegt.

Und wir finden neue Worte,
jedes Wort ein Ruderschlag.
Und vielleicht trägt es uns weiter
als nur bis zum nächsten Tag.

Komm, wir gehen Sterne
  pflücken,
schnell, bevor der Tag erwacht,
balancieren auf dem Rücken
dreier Worte durch die Nacht.

Die Kurzeit verging wie im Fluge und der Abschiedsabend nahte. Ich schaute in seine wunderschönen blauen Augen, er blickte mich an und eine kleine Träne rollte über sein hübsches Gesicht.

Am nächsten Morgen wurde ich von meinem Lebensgefährten und er von einem Kollegen abgeholt. Wie sollte es weitergehen mit dieser Liebe, mit dieser Sehnsucht?

Uns blieb erst einmal nur der Briefkontakt übrig. In einem seiner Briefe offenbarte er mir, dass ich die dritte Frau in seinem Leben sei. Seine jetzige Frau hatte er während seiner Armeezeit kennengelernt und mit ihr ein Kind gezeugt, das ihm wie aus dem Gesicht geschnitten war. Seine Ehefrau hatte zwei Kinder mit in die Ehe gebracht, sodass in seinem Haushalt nun drei Kinder von unterschiedlichen Vätern lebten.

Aber der briefliche Kontakt reichte uns beiden nicht, denn die Sehnsucht nach Sex erfasste unsere Leiber. Da er in seinem Heimatort über einen Bungalow verfügte und sonst kein Heim für uns offen stand, lud er mich zu einem Besuch in den Bungalow ein. Draußen war es höllisch kalt! Da musste die Heizung herhalten, was sie gerade noch so schaffte. Aber das Sexgefühl war wieder unbeschreiblich schön. Ganz ermattet verließen wir den Bungalow und stellten entsetzt fest, dass sich der Stecker der Heizung festgefressen hatte. Oh, wie sollte er das seiner Frau erklären?

Der Sommer nahte und einem Treffen in meinem Kleingarten stand nichts mehr im Wege. Nach etlichen Telefonaten vereinbarten wir einen Besuch. Aber daraus wurde nichts, da seine Tochter schwer erkrankte.

Nach einem längeren Zeitraum informierte er mich, dass seine Frau zur Messe fuhr und seine Wohnung für den Garten der Venus offen stand. Ich nahm den nächsten Zug und fuhr zu ihm. Glückseligkeit durchströmte unsere Körper, als wir die Vereinigung spürten. Wie ein Blitz loderte das Feuer in uns. Es loderte so lange, dass wir die Abfahrt meines Zuges gen Heimat verpassten. Wir sahen nur noch seine Rücklichter.
Wie nun nach Hause kommen? Ralf lieh sich von einem Kollegen einen Trabant, das gängige Auto zu DDR-Zeiten, und fuhr mich im Affentempo nach Hause. Denn ich musste noch, bevor mein Lebensgefährte die Wohnung betrat, daheim sein. Und wir schafften es! Mit Donnertempo fuhr Ralf wieder in seine Heimat zurück. Mein Herzklopfen wollte nicht enden. Unter meiner Bettdecke hüpfte es wie ein

Donnergrollen hin und her. Und ich fühlte mich beschissen. Aber was tun, wenn die Gier nach Sex und die Liebe derart groß sind?

Wir schrieben uns nur noch Briefe per Postlagerung. Und nach geraumer Zeit gehörte auch dieses Sexabenteuer der Vergangenheit an.

TENERIFFA

Wieder einmal verbrachte ich - allein - einen herrlichen Urlaub auf dieser wunderschönen kanarischen Insel. Und muss dabei in meiner Erinnerung an den Spruch: „Der Fisch, den man nicht fängt, ist immer groß!" denken.

Es war März 2018 und ich flog gen Teneriffa! Die fünf Stunden Flug vergingen in Windeseile und glücklich entstieg ich dem großen Vogel. Ich wusste bereits, was mich auf dieser Reise unter anderem an Schönheiten erwarten würde. Diesmal hatte ich im Voraus eine Busfahrt zum „Pico del Teide", dem höchsten Berg Teneriffas, gebucht.

Von meinem Hotelzimmer aus, natürlich ein Einzelzimmer, bot sich mir eine wunderbare Sicht auf die üppige Landschaft des großen Hotelgartens dar.

Das Programm des Reisebüros enthielt unter anderem eine Besichtigung des Loro-Parks, eine wunderschöne Natur- und Tierparkanlage auf Teneriffa. Da ich diese schon kannte, sie aber immer wieder besichtigen wollte, trug ich mich in die Liste für die Besucher ein. Es folgte ein herrlicher Tag mit zahlreichen Überraschungen. Der Direktor der Anlage hatte sich ein neues Programm für seine Papageien ausgedacht, die alle Anwesenden zum Lachen und Staunen brachten. Froh und gut gelaunt wurden wir im Reisebus wieder in unser heimisches Hotel zurückgebracht.

Da bemerkte ich, wie sich mein Magen mit einem Donnergrollen meldete, denn es war schon längst Abendbrotzeit.
Da ich mich als Einzelperson in dem riesigen Saal nicht an einen großen Speisetisch setzen wollte, wählte ich mir einen Tisch mit nur zwei Plätzen. Man konnte ja nie wissen …
Das Büfett lockte mit herrlichen Köstlichkeiten, frisch gebratenem Fisch und Garnelen. Es duftete verführerisch und ich schlug zu. Die Getränke wurden von dem Servicepersonal an den Tisch gebracht.
Ein hübscher, schwarzhaariger Ober kam an meinen Tisch und fragte in gebrochenem Deutsch nach meinen Wünschen. Ich verlangte nach einem Glas gutem rotem Hauswein. Flugs stand das Gewünschte auf meinem Tisch und ich konnte mein Abendessen in vollen Zügen genießen.
Kurz bevor ich den Saal verlassen wollte, stand dieser Ober wieder an meinem Tisch und fragte nach weiteren Getränkewünschen. Dabei schaute er mir direkt in die Augen und lächelte dabei ganz char-

mant. Ich zeigte mich freundlich, aber zurückhaltend, denn der Tag war zwar schön, aber auch anstrengend gewesen. Die Temperatur tat ihr Übriges: Abends waren es immer noch um die 22 Grad Celsius. Glücklich landete ich in meinem Bettchen und blickte dabei aus meinem Fenster in die Ferne. Morgen sollte es zum „Pico del Teide" gehen.

Gut ausgeschlafen, eilte ich zum Frühstück. Da erwartete mich schon der Ober, der mich am vorherigen Tag so nett bedient hatte. Er fragte nach meinen Getränkewünschen – Kaffee oder Tee? – und sorgte flink dafür, dass mein Kaffeedurst gestillt wurde. Nachdem er mich bedient hatte, hantierte er mit seinen Händen hinter seinem Rücken wie zu einem Gruß und lächelte mir zu.

„Ob er bei allen Gästen solche Annäherungsversuche macht?", dachte ich und schaute mich zum ersten Mal in dem großen Saal um. Unter den Mitreisenden befanden sich kaum einzelne Damen. Und wenn, dann waren sie sehr alt, ungepflegt und unansehnlich. Leider.

So genoss ich die Annäherung dieses Obers und freute mich auf die Tagesfahrt zum höchsten Berg der Insel Teneriffa.

Leider barg diese Fahrt eine unangenehme Überraschung. Dichter Nebel stieg auf, waberte in der Luft

und verdeckte die Sicht auf den „Pico del Teide“. So konnte der Reiseführer die Reisenden nur mit Bildern und Zeichnungen etwas entschädigen. Ich genoss diesen Ausflug trotzdem, da ich bei einer vergangenen Reise aus einem Bus heraus bis zur Hälfte der Anfahrt die herrliche Aussicht auf diesen Berg bereits hatte genießen können.
Der Bus schaukelte die müden Reisenden wieder ins Hotel zurück. Alle freuten sich auf das leckere Abendessen.

Und wen sah ich dort gleich wieder? Natürlich „meinen Ober“, der schon an meinem Platz wartete und mich sofort mit Getränken versorgte. Ich spürte seinen heißen Atem und mir rieselte seine Aufregung entgegen. Was hatte er mit mir vor? Mir dämmerte ein wenig, was dies sein könnte.
Da der Abend noch ein herrliches Abendrot verhieß, setzte ich mich auf die Terrasse und genoss den Sonnenuntergang.

Für den nächsten Tag plante ich eine Fahrt mit dem Kleinbus, denn es war Markttag. Darauf freute ich mich schon lange, denn ein solcher Markt bietet viel Exotisches. Insbesondere die Gewürze, die man dort auch probieren kann. Mein Ober war zum Frühstück nicht zugegen – war er krank oder hatte er Urlaub? Ich nahm es zur Kenntnis und eilte zum Kleinbus.

Der Duft der gekauften Gewürze in meinem Rucksack erfüllte auf der Rücktour den ganzen Bus und ließ bei dem Gedanken an das leckere Abendessens bereits das Wasser im Munde zusammenlaufen. Und wieder fehlte mein Ober.

Am nächsten Morgen beim Frühstück erblickte ich ihn wieder und er warf mir eine Kusshand zu. Ich errötete und lächelte heimlich ich in mich hinein. Als ich das Frühstück genussvoll beendet hatte, gab mir der Ober einen Zettel mit dem Hinweis, dass ich dort meine Zimmernummer vermerken sollte. Und ich tat es!

Schnell räumte ich mein Zimmer auf, denn ich hatte dieses in einem ziemlichen Chaos verlassen. Ein wenig Wein könnte ich ihm anbieten … Dem Radio entlockte ich leise Musik.
Mein Herz klopfte wie verrückt! Bis um 12.00 Uhr wartete ich vergebens auf ein Klopfen an der Tür, dann ging ich schmollend nach draußen. Er war nicht gekommen.

Das Tagesprogramm ging weiter. An diesem Tag stand eine Stadtbesichtigung auf dem Programm. Ich liebe diese spanischen Städte und ihre Anwohner, die doch so anders sind als wir Deutschen. Vielleicht sollte man sich hier und da ein Scheibchen abschneiden. Das tat ich dann auch bei einer Pause und genoss die Tapas, kleine pikante Brotscheibchen, begleitet vom Trillern der Kanarienvögel.
Und wieder ging ein schöner Tag zu Ende. Es war der letzte Abend auf Teneriffa, da uns der Bus morgen schon wieder zum Flieger zurückbringen würde. Beim Abendessen lauerte ich auf meinen Ober. Er kam wieder mit einem Gläschen auf mich zu, verschwand aber gleich wieder. Ob er sich schämte, dass er nicht auf mein Angebot eingegangen war? Ich wusste es nicht und verzog mich auf mein Zimmer, um meinen Koffer zu packen.
Am nächsten Morgen, der letzte auf Teneriffa, flitzte der Ober an meinen Tisch und legte mir wieder ei-

nen Zettel hin, auf dem ich meine Zimmernummer vermerken sollte. Dies tat ich auch und verließ mit klopfendem Herzen den Frühstücksraum.
Stunde um Stunde verging und kein Ober erschien. Pedro, so sein Name, hatte sich wohl in den vielen Zimmernummern vertan oder hatte er seinen Besuchsplan geändert? Ich werde es wohl nie erfahren, denn gegen 12.00 Uhr musste ich das Hotelzimmer verlassen. Good-bye, Pedro! Der Flieger hob ab.

WAS WÄRE WENN?

Natürlich habe ich mit dem Gedanken gespielt, später einmal wieder die Insel Teneriffa als mein Urlaubsziel zu wählen. Aber in meinem Leben wird es zu keinem Flug mehr kommen. Die Ursache hierfür erzähle ich gleich hier. Es geschah im Jahr 2019.

Auf dem Rückflug von einer Rundreise durch fünf Nationalparks der USA kam das große Flugzeug über Grönland in die Ausläufer eines über den Bahamas wütenden Sturms. Unvermittelt traf uns dieser Ausläufer, sodass noch nicht einmal der Flugkapitän uns warnen konnte. Das Flugzeug stürzte im freien Flug gen Erde. Passagiere stürzten zu Boden, flogen an die Decke, schrien und weinten. Auch ein Baby war an Bord. Dieser Sturz wiederholte sich drei Mal – dann flog das Flugzeug ruhig und ohne weitere Turbulenzen seinen Kurs in Richtung Dublin.
Ein Passagier wurde in einem Rollstuhl in die erste Klasse geschoben und von einem sich an Bord befindlichen Arzt aufs Nötigste versorgt. Ich erlitt auf dem rechten Ohr einen Hörsturz, der aber von meinem HNO-Arzt daheim gut versorgt wurde. Nach acht Wochen konnte ich wieder normal hören. Aber da ich mich mit meiner linken Hand bei den entsetz-

lichen Turbulenzen in die Lehne gekrallt hatte, versagte der linke Daumen seinen Dienst. Heute noch bin ich in Behandlung bei einem Ergotherapeuten, der sich auf Handprobleme spezialisiert hat. Manchmal muss ich an die Patienten denken, die ihren Weiterflug von Dublin nach Berlin nicht antreten konnten, da sie mit Notambulanzen und Feuerwehrwagen erst einmal in ein Krankenhaus in Dublin gebracht wurden.

Wie sagte Johann Wolfgang von Goethe so schön? „Und doch, welch Glück, geliebt zu werden …"

Somit endet die Geschichte über meine Männer hier.